Lugh
NA ÓUA
the deliverer

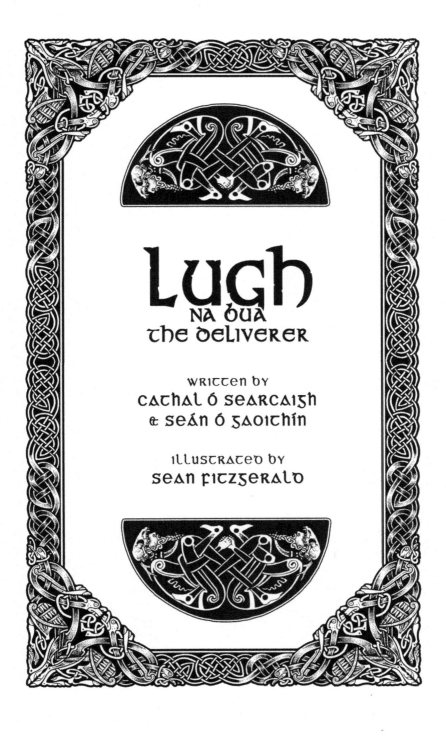

Lugh
NA BUA
THE DELIVERER

WRITTEN BY
CATHAL Ó SEARCAIGH
& SEÁN Ó GAOITHÍN

ILLUSTRATED BY
SEAN FITZGERALD

Published in Oxford by The Onslaught Press
11 Ridley Road, OX4 2QJ
2017

☨

ISBN: **978-1-912111-68-8**

The titles are set in Vincent Morley's
ᏸunchᏞo Reꝣulᴀʀ, Cʀom & **Ꝺubh** (www.gaelchlo.com)
The texts are set in Walter Tracy's **Times Europa**

Designed by **Sean Fitzgerald**

Printed and bound by Lightning Source

Údarás na Gaeltachta

EALAÍN NA GAELTACHTA TEORANTA
FORBAIRT NA NEALAÍON DÚCHASACHA AGUS COMHAIMSEARTHA

gailearaí

**Comhairle Contae
Dhún na nGall**
Donegal County Council

CONTENTS

Lugh the Deliverer

Lugh na bua

ILLUSTRATIONS

Introduction

The heroic sagas of Ireland are great treasures of our cultural inheritance. They recall for us our ancestors and remind us of the ancient bond that was first forged between the people and the land. The story we tell here is part of one of our oldest myths. A story that was pivotal in the shaping of the ancient history of Ireland. It was the bards of old who preserved these tales by committing them to memory as epic poems. The scribes of early Christian Ireland recorded these tales in manuscripts, the most famous was known as *Lebor Gabála Éireann*–the *Book of the Taking of Ireland*.

Gabáil Hérenn, nert nar fand,
rogabsat Túatha Dé Danand;
ainm a tóisich dóibh, ba déis,
Bethach mac án Iardanis.

A Taking of Ireland, a strength that was not weak,
The Tuatha De Danann took it:
the name of the leader which they had, it was lucky,
was Bethach, noble son of Iardaines.

Na secht tóisig aile íarsain,
fri háinius, fri himargail,
batar tréna fria tress tend.
secht meic ard-móra Ethlend

The seven other chieftains thereafter,
with splendour, with combat,
they were powerful against their firm conflict,
the seven lofty great sons of Ethliu

Dagda, Dían Cecht, Creidne cerd
Luichne sáer ba sír barr-berg,
Núada Argatlám nod ba,
Lug mac Céin, Goibnenn goba.

Dagda, Dian Cecht, Credne the wright,
Luichne the carpenter, who was an enduring plunderer,
Nuada who was the silver-handed,
Lugh mac Cein, Goibninn the smith.

Within Lebor *Gabála Éireann* we discover how Parthalon and his people were the first to land on Eireann's shores after the deluge, but they fell victim to a plague. Then the Nemedians came who were also wiped out by a mysterious plague. For a long time no-one inhabited the land until the Fir Bolg and Gaeolin got established. Their great king Eochaidh was defeated at the first battle of Moy Tura by the new comers, the Tuatha Dé Danann,who are said to have come out of a cloud in the north.

We present to you the reader two new tellings of a folktale from Donegal in the north-west of Ireland. It concerns the troublesome Fomorian king Balor and his ultimate defeat by Lugh who is champion of the Tuatha Dé Danann. Our accounts in Gaelic and English draw from a wide range of sources combining folklore and mythology.

Our sincere thanks to Reuben Ó Conluain for his welcome aid in preparing the text. Our thanks also to Maeve Cannon for her inspiration and enthusiastic support. For their generous sponsorship of this book our thanks also to Ealaín na Gaeltachta, Donegal County Council, Údarás na Gaeltachta and An Gailearaí.

Focal brollaigh

Seán Ó Gaoithín, údar an scéil seo, a spreag mé le cóiriú Gaeilge a chur ar a raibh cumtha aigesean i mBéarla. Choinnigh mé, a bheag nó a mhór, leis an bhunleagan i dtaca le substaint an scéil ach ar mhaithe le héagsúlacht chuir mé casadh beag san insint thall agus abhus. Dá thairbhe sin níl mé ag maíomh gur aistriúchán dílis atá anseo.

Baineann Ó Gaoithín úsáid as teangaidh uasal an laochais agus é ag laoidheadh an scéil, an cineál teanga a bhí coitianta ag lucht an Bhéarla tráth den tsaol agus iad ag athinsint an tseanchais seo do phobal an Bhéarla. Cha raibh moill ar bith orm aithris a dhéanamh ar an réim teanga sin. Bhí an éascaíocht sin, an mianach laochais sin ina thréith nádúrtha i seanscéalta na Gaeilge riamh anall.

De bharr go raibh an seanchas seo i mbéal mo dhaoine agus mé beag tá mé buíoch do Sheán Ó Gaoithín as an deis seo a thabhairt domh an scéal a chur os ard aríst agus i gcluasa an aosa óig ach go háirithe mar i ndúil is go gcoinneoidh siadsan an scéal beo.

Ba mhaith liom mo bhuíochas a chur in iúl do mo sheanchara Reuben Ó Conluain a dhírigh súil ghéar an eagarthóra ar an téacs agus a cheartaigh agus a leasaigh é. Níl aon amhras orm ná gur chuir a dhúthracht agus a chomhairle slacht ar an tsaothar. Tá mé féin agus Seán Ó Gaoithín fíorbhuíoch do Mheabha Ní Chanainn fosta as an spreagadh a thug sí dúinn beirt agus muid i mbun an tsaothair seo.

Ár mórbhuíochas ag gabháil leo seo a leanas a thug urraíocht dúinn leis an leabhar a fhoilsiú: Ealaín na Gaeltachta, Údarás na Gaeltachta, Comhairle Contae Dhún na nGall agus An Gailearaí. Ní fhéadfaí an tionscnamh seo a thabhairt chun solais gan an cuidiú úd ó na heagrais atá luaite againn. Ár mbuíochas leo aríst.

Lugh the Deliverer

Isle of Destiny

n the first days a vast forest covered the island. A verdant leafy mantle clad her plains. Like a maiden sleeping, she awaited her beloved children. Mountains rose up protecting her interior, each summit the lofty haunt of eagle lords. Pure crystal waters flowed in her rivers like necklaces of silver joining her shining lakes. Speckled salmon swam from deepest ocean to mountain springs.

As the sun rose high in the heavens countless deer roamed her heathery hills. In the season of short days they descended to the glens and plains, thick with leafy oak and elm. There the rat-ta-tat of woodpeckers echoed through the forests and in response there came the hooting call of the long-eared owl. The land was plentiful, where Mother Trees kept watch over their countless kin.

Crane flocks stalked the wet places. Boar herds ploughed her meadows and thickets. In every direction to the salty sea, a gentle leafy garden of blossom, fruit and nut lay under passing sun and moon. Flocks of snow-white swans moved from shore to shore over her wide lakes. A light shone in her verdant meadows. There was perfect stillness.

It was after the Great Flood, that divided the lands of the earth in ancient times, that the first people came to settle her shores. *Inis Fáil*, the Island of Destiny, was the name they first gave to the land.

The Coming of the Tuatha Dé Danann

he children of the earth, in those old days, were separated into many races with their own words and ways. Holy men and women kept council with the Elementals and guiding Queens and Kings in leading their people. It happened that an enchanted race sought refuge in Inis Fáil. They were called the *Tuatha Dé Danann*— the people of the Goddess Dana. Their noble ones carried with them great treasures. Mighty Nuada, their High King, carried the Sword of Light. Dagda the Great had with him the Cauldron of Plenty. Lugh, son of the Sun, wielded the Spear of Truth, the wounding from which no warrior escaped. Dana, their great Queen, kept with her the Stone of Destiny—the *Lia Fáil*. The green leafy land welcomed the coming of Dana's children.

Each passing season the Dé Danann settlements grew. As they sowed their grain in the new-ploughed dark earth they sounded horns and flutes. They sang praises together as they harvested golden grain. The gentle seasons brought increase to herds of sheep and cattle that grazed the rich scented meadows. Orchards of red apples and gardens of herbs grew near every chieftain's rath. Deep was their love for their loyal wolf-hounds that guarded each settlement from the great wolves of the dark forests.

At the centre of the country, on the Hill of Uisneach, the Dé Danann druids lit their holy fires. They divined the pattern of the seasons, the time of ploughing, of sowing and of harvest. The druids guided their people in finding the places of rath building. At the centre of the country, they made the seat of High Kingship on the Hill of Tara. There three great ramparts marked the royal residence.

At the highest place the Lia Fáil was raised declaring union of sky and land.

The Dé Danann people were masters of the arts and sciences. Unsurpassed, their craftsmen were workers of precious metals. Their weavers made fine-coloured fabrics bordered with threads of silver and gold. Polished lunulae shone bright on the breasts of their high-born. Their smiths turned their skill to crafting weapons of great beauty. They fashioned silver-hilted swords, leaf-like spearheads of bronze, fine casting javelins and shields that shone bright as the sun. To defend their people the Dé Danann chieftains trained their young men and women in feats of bravery. For they had to remain ever vigilant, watching for dark raiders from the north, swarming to the shores of Inis Fáil to burn settlements, steal cattle and take children as slaves.

At the Court of Nuada

A great gathering was called in Inis Fáil. The High King Nuada summoned all his champions to his palace at Tara. Each warrior brought to the assembly a unique skill, vital to the preparations for the great battle to end oppression and return freedom to their people.

On the outermost rampart, heavy bronze gates hung on mighty staves of yew barring entrance to the palace. There, two warrior brothers, Gamall and Camall, stood as trusted door-keepers. Their task was to question and give way only to Dé Danann warrior craftsmen. As the war-crafting champions filled the Great Hall, a tall and noble warrior approached the gates. He wore a tunic of holly green and a cloak of purple. The brothers could see he wore thick bands of twisted gold on his wrists and neck.

He moved with purpose and although he was a stranger to the brothers, he was a welcome sight.

Gamall challenged the approaching young warrior, calling out to the stranger, "*Declare yourself and name your art that you may enter and join the assembly?*"

"*I am Lugh, son of Cian of the Tuatha Dé Danann and I am a master wheelwright,*" he declared.

"*We have a master wright, he is Lucta son of Luachy,*" Camall replied.

"*Well then, I declare I am a master smith,*" said Lugh.

"*Ah, but we have Collum Cullinach of the three ways,*" Camall once again replied.

"*I declare I am a master of the harp,*" said Lugh.

"*We have tuneful Abcan, son of Bicelmos,*" Gamall replied.

"*I declare I am a poet, master in word craft,*" said Lugh.

"*We have Erc, son of Ethaman,*" replied Camall once again.

"*I declare I am a master physician,*" said Lugh.

"*But we have Dian Cécht, master of all healing arts,*" responded Camall.

"*I declare I am a master brazer,*" Lugh continued.

"*Ah, but we have matchless Credne Cerd,*" replied Camall.

Lugh paused and planted his feet in a broad stance declaring, *"Hear this. I am Lugh, the master of all arts. Now go ask your King if he has in his company a champion such as I?"*

No such claim had ever been made by a Dé Danann warrior. Camall went within to the great Hall of Assembly to find the High King Nuada and tell of this most wondrous youth.

"Great King, a handsome champion seeks admittance. He says his name is Lugh and he claims he is master of all arts."

Nuada listened to Camall with great interest. He granted entry and called for the royal chessboard to test the character of this young warrior. In every game Lugh was decisive in victory. Wise Nuada could see that before him sat a champion who could lead the Dé Danann army against the dark race from the north they called the Fomorians. He rose from the royal throne and bid Lugh to take his place before the entire assembly.

Raising his drinking horn, Nuada declared *"this is Lugh, Master of the Arts and Deliverer of the Dé Danann people,"* welcoming him as their longed-for champion. A great feasting followed. Seven great boars were roasted on seven spits. Poached salmon steamed in the cauldron of the Dagda. Ale and mead were poured. When the company had had their fill, Lugh reached for the harp of Abcan. He played tunes that no one had heard before. As the melodies flowed from Lugh's fingers on the harp a joy swelled in the hearts of the champions. Lugh followed by playing a slow air that made the men fall silent and gentle-hearted. One by one the assembled warriors closed their eyes and slipped into a summer-land where their hearts were light. And when they awoke, Lugh had already arisen and taken his leave.

Isle of Towers

ar to the north-west of Inis Fáil, at the very edge of the world, where the land meets the endless ocean, is the rocky headland of Cnoc Fola. Out in the heaving waves to the north, there rises a great castle with sea cliffs for battlements. There the dark Fomorian lord, Balor of the Mighty Blows, had his towery stronghold. He ruled over a scavenging horde that knew nothing but pillage and destruction. His very name would strike terror in the hearts of the Dé Danann people. Balor was terrible for he had a poisonous evil eye, an eye so venomous it would wither the life out of any man, beast or herb.

Many years before, when Balor was a boy-child, he took to spying on the goings-on in his father's fortress. Balor had a hunger for all things forbidden. One day he stole into the druid enclosure, a place he knew full well he should never enter. There in the dark, he crept toward a chink of light cast by the fire in the druid hall. He pressed his face to a crack to spy on the activity within. The dark druids had gathered to brew deadly poisons and as they moaned their black incantations over a steaming cauldron, a vapour rose and entered young Balor's eye and filled it with evil. So evil it was that there was nothing for it but to keep the bad eye covered, unless it was needed for some murderous work.

Balor's deadly organ of sight made him a formidable foe. No man could stand against him and expect to survive. That was how Balor of the Strong Blows came to be feared throughout the world. On his island home of Toraigh not a blade of grass could grow, for the earth was blackened by the Fomorian fires.

Guardians of the North

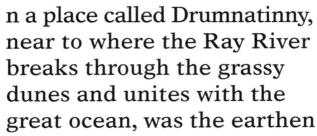

In a place called Drumnatinny, near to where the Ray River breaks through the grassy dunes and unites with the great ocean, was the earthen rath of Gavida, the Dé Danann smith of great renown. With his brothers Cian and Sawan, they were guardians of the north, watching Toraigh and warning their people of the growing menace from their enemy Balor. Cian who was chieftain of the lands between the Ray and Dore rivers, had in his possession a wondrous milk-cow called the *Glas Gaibhleann*. She was the most treasured and coveted milk-cow in all the land. So great was her yield that Cian's people had milk and butter all year from the beloved Glas Gaibhleann.

Now Balor greatly desired the Glas Gaibhleann. That said, all of Balor's attempts at stealing her had failed. Passing ships he could plunder, every kind of jewel and gold and silver was his. Balor's raiding army had even stolen the Sword of Light and the Cauldron of Plenty from the Dé Dananns. However the Glas Gaibhleann could not be taken as long as Cian held her halter. It maddened Balor when he could not get his way, and on those rare occasions, he would seek out the advice of his grey and wrinkled wife Ceithleann.

"*My dear queen*," growled Balor at his wife. "*That mongrel has kept the Glas from me for long enough. Show me the way I must I go to gain for myself the precious beast?*" he pleaded of his hag-wife.

Vapours leapt from her black pot as she bent over it to spy for signs and patterns. Holding her good eye shut she stared with her blind dead eye into the depths of the steaming black bubbling mass.

"*Aaarrraaagh . . . The Glas will be yours when you change your tack . . . great King of the Mighty Blows . . . sssrrrraaaaa . . . this is one prize you will not gain by destruction . . . sssaaaarraaa . . . cute as a fox you must be . . . sssshhhhss . . . you must be like the fox,*" hissed Ceithleann of the Crooked Teeth as she bent over the stinking pitch. That was enough from the ancient crooked queen for Balor to know his next move.

The fateful day came when it happened that Cian took it upon himself to visit his brother Gavida at his forge, for to have a new sword made. Like every other day he had the Glas with him on her long halter. Cian thought to himself, "*A north wind brings fair weather and calm seas.*"

As he approached Gavida's rath, smoke rose from his forge and the ring of hammer on metal was in the air. When Cian got to the entrance his young brother Sawan emerged, coming away from the forge.

"*Bright blessings of the sky and wind to you my dear brother,*" said Cian, greeting his brother.

"*Bright blessings of the earth and her waters to you brother and protector of our people,*" replied Sawan.

Stopping to converse Cian remarked, "*Gavida makes for us the best of new tools of war.*"

Sawan agreed, "*A newly forged blade with a keen edge is our best protection. I have given fresh-made bronze to our brother, he makes me a strong battle blade.*"

Cian replied, "*We must be watchful night and day. As it happens I come with the same purpose as yourself. Will*

you watch the Glas for me while I speak to Gavida of my new blade?"

Sawan obliged and took the halter of the Glas Gaibhleann as she grazed on summer herbs. Cian made straight for the smoke filled forge. He knew it was taboo on anyone to see the master smith while at work. Steam clouds, the blast of bellows in glowing embers and the rhythm of the hammer on anvil filled the air. Cian waited for Gavida to finish his work to come out to talk with him.

Not long after that a young red-haired boy came on the same track past Gavida's forge. He stopped with Sawan to admire the grand cow. They exchanged greetings. Sawan liked the young lad, even if he'd never seen him before. Then the boy remarked how he over-heard the men in the forge saying: *"We will use the scrap for the first blade and only the best of bronze will go into the new blade.*"

A fit of rage came over Sawan, guessing his brothers wanted to fool him. He handed the halter of the Glas to the red-haired lad saying, "*Hold that lad and don't move, I will be back in no time,*" and away he went running into the forge with all his speed to stop his brothers plotting against him.

As Sawan came crashing into the enclosure Cian roared at him "*Where is the Glas?*"

Not waiting for an answer Cian rushed out to get hold of the Glas Gaibhleann only to see her and Balor out on the ocean in the distance, his ship with black sails and oarsmen towing the Glas behind them through the waves to Toraigh. It is said Balor dragged her ashore by the tail at a landing place called Portín Ghlais on the north side of Toraigh. Cian was beside himself with rage. Despair was on him, that he could lose the Glas Gaibhleann so easily to his worst enemy.

Her Lonely Prison Tower

alor and Ceithleann had but one child, a daughter called Eithne. When Eithne was still an infant, Balor's druids got wind of a Dé Danann prophecy and they put it to him like this: "*A wedge from itself will split the oak*," meaning that Balor's destruction would be at the hand of his own flesh and blood.

To confound fate and protect his immortality, Balor ordered that Eithne be locked away in the confines of his great tower on Toraigh that was called Dún Balor. There Eithne would remain all her days, guarded by twelve matrons who would keep her forever innocent of the knowledge of the male sex.

In her lonely tower Eithne remained pure and innocent. She grew into woman-hood full of beauty and grace. Her matron guardians taught her needle-craft, spinning and weaving. They taught her dye-craft from the berries, herbs and mosses that clung to the cliffs of Toraigh. Together they fashioned garments of great beauty for the lonely princess.

In the fair months of summer from her cliff-top tower Eithne could see boatmen far below fishing in the waters, casting and drawing in their nets. These beings who Eithne did not know were stripped to the waist and called to one another in deep voices. They had strong-looking arms for hauling on the oars of their currachs.

"What beings are those in their currachs below us?" Eithne asked the matrons who could not look her in the eye.

"Oh! Just catchers of fish, to feed your father's army, that's all," they replied not wanting to make anything of it.

Eithne did not tell the matrons of a vision she had had of a being just like those in the currachs, a beautiful being, who came to her in her dreams as her beloved. Having slept on her yarrow pillow, Eithne had dreamt of the fair form of her beloved's face.

On the Wings of a Storm

ian's rage at the loss of his precious cow turned to a hardy determination to get her back. After he had settled himself, he went to get advice from his druid, as was the custom of the Dé Danann people. The Elementals were always consulted and their guidance sought, so that harmony would be maintained with the land and among the people. His druid Finnias told Cian there was no getting back of the Glas Gaibhleann from the vengeful Balor who *"would wither the life out of any man with his baleful eye should he attempt to go near his island stronghold."*

Not content with giving up, Cian went to Biróg of the Mountain, the aged wise-woman, whose cave dwelling was on the slopes of the mighty Errigal Mountain. Biróg made a brew of magic herbs and as Cian watched she dropped bright-red holly berries and the yellow blossom of bentweed into the pot over the fire. The darkness and closeness of the air inside the cave made Cian's head swim and then Biróg made him drink the potion with her.

Cian found himself flying over water guided by Biróg to the fastness of Toraigh of the Waves. He found he was dressed in the attire of a noble woman and with Biróg seeking entry to Balor's fortress by making the matron guardians believe that they were two noble-women on the run from a tyrant. The matrons dared not refuse sanctuary to their own kind and admitted them in the dark and stormy night.

As soon as their eyes met, Eithne knew Cian as her beloved. She took his hand and led him away to her private chamber. With her enchantments Biróg put a deep sleep on the matrons and when they awoke they could remember nothing of the night before and the two mysterious visitors. When Cian awoke, he too was once again at home in Drumnatinny. He had to think hard: *"Was it all a dream? Had it really happened? Was there a beautiful girl called Eithne?"*

Banished to
The Depths of the Ocean

ithne found that she was with child. The twelve matrons did everything to hide her secret. When Eithne's time came she gave birth to three healthy boys and she gave them their names—Lugh, Gaoth and Rón. When Balor returned to Toraigh from a raiding mission on the Green Land, he found its silence broken by a chorus of howling infants. The matrons did their best to convince Balor that no infant was Eithne's but he suspected the worst. Pointing down to the harbour with his broad blade, he roared

"Take them all away from here, take them and destroy them. Throw them in the whirlpool that's there in the ocean-filled sound between here and that accursed green land."

The infant boys were gathered up in a cloth, fastened with a pin and taken to be drowned. As the innocents were cast into the ocean, the pin slipped out and one boy, the first born, got free. He was rescued by Biróg, who brought him away to safety by her magic. That boy child was Lugh, a child of charmed fate. The place where the three brothers were thrown into the ocean was ever-after called *Port an Dealg*, the Harbour of the Pin. They say that the seals who visit the coast are descended from the sons of Eithne who went into the sea.

"*And that,*" thought Balor, "*is the end of any grandchild of mine, no one now can challenge my immortality.*"

Old fishermen report of a sea-spirit they dread meeting and being led astray by this creature who is half-woman and half-fish who is heard singing laments over the cold waves of the ocean.

Dalor's Revenge

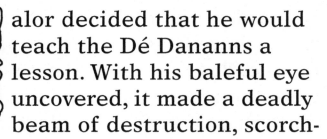alor decided that he would teach the Dé Dananns a lesson. With his baleful eye uncovered, it made a deadly beam of destruction, scorching the sides of the great mountains of Muckish and Errigal so that no tree grows on them yet.

Not stopping until he discovered who had defiled his precious daughter, Balor landed at Ballyness in the company of his vicious warriors to find the culprit. His roars and his beating of the ground could be heard over great distances. The whole countryside felt his thunderous approach and heard his terrible roars.

"Where is the blaggard that spoiled my precious Eithne? Where is he who dared bring me down? Where is the deceiver and fool who thinks he can escape my wrath," roared Balor.

He made straight for the chieftain's rath, where Cian stood to protect his people. But the Fomorian numbers were too great, and Cian was taken and dragged before the dark-hearted warlord.

Growling, Balor demanded, *"Bring him before me and stretch his neck for me to see, here on this white stone. No man crosses me and lives to tell the tale."*

Lifting the great broad blade of his battle sword, Balor swung fast and heavy, beheading Cian. Taking hold of the head by the hair he brought it back to Toraigh with him to add to his great heap of battle trophies. The great white stone remains at Falcarragh as a monument to Cian's tragic end. It is named *Cloch Cheann Fhaola*, the stone of the bloody head.

With Taillte and Mananann

iróg had brought about the prophecy. She helped Cian gain access to Dún Balor, and from Cian's union with his beloved Eithne, their son Lugh was brought into the world. After Biróg rescued the infant Lugh from the danger of drowning she placed him in fosterage with his uncle Gavida. Knowing of the peril of keeping the infant so close to Balor's stronghold, Gavida took the infant boy far away to the great central plain of Mide to be fostered with Taillte, a captive Firbolg Queen put to work by the Dé Dananns to make the wild places ready for habitation.

In the heartland of Inis Fáil near Tara, Lugh blossomed into boyhood spending his days running wild in the meadows and woods. From his beloved foster-mother, Lugh learned the names of herbs and their virtue in magic, healing and war-craft. Lugh learnt the language of the birds of the air. The tuneful melodies of creatures of the wood he took into his heart.

Seven years passed and Mananann, Lord of Tír na nÓg, came on his great white horse to take Lugh away with him to the sanctuary of his otherworld realm.

Mananann spoke gently to the boy, "*You will come away with me to Tír na nÓg, where we have endless summer. Bid farewell for now to the land of your people.*" Reaching down he raised Lugh onto the saddle in front of him. As they rode across the fertile plains of Inis Fáil, from his new vantage, Lugh could take in her beauty, filling his soul with her verdant splendour.

In Tír na nÓg Lugh showed a brilliance at every task set before him and it was not long before he had mastered every Dé Danann skill. For sport and play he had his foster-brothers to compete with in champion feats. In the gentler arts, Lugh had the company of Niamh, his foster sister and daughter of Mananann. They delighted in music and poem-making. Together they went wandering in the wild places to commune with multi-coloured forest creatures.

Lugh blossomed into manhood, he grew perfect in form. A golden radiance shone in his countenance. Mananann could see Lugh's time of return was coming near. He called him to come before him. Lugh knelt before his beloved foster-father, who presented him with his great sword *The Answerer* —An Freagaracht. With a firm grip on the hilt of The Answerer, powerful memories of Inis Fáil came flooding back to Lugh. In that moment Lugh saw his true destiny and as his green eyes met Mananann's of deep blue, Lugh sensed his time in Tír na nÓg was drawing to a close.

"I must go back to my people and bring with me the Answerer," declared Lugh as he raised his sword above him. Beams of light shone from his forehead and his emerald eyes danced with joy.

"I will give you my horse, the One-maned —an tAonbharr. Never has a rider fallen from her and you will wear my helmet and breast-plate," declared Mananann.

Tall and strong in stature, with his golden locks falling to his broad shoulders, Lugh mounted the One-maned. He readied himself to cross the sea to the Land of Destiny. For company, Mananann sent Lugh's foster brothers, White Flower, Blue-Eyed Spear, Red Wing and Dónall of the Red-brown Hair together with a host of glad-faced Dé Danann warriors.

On the Hill of Uisneach the Fomorian
hoard were attacking King Nuada and
his guard. The Dé Danann company
were hard pressed and losing ground.
And in their hour of need and despair
they saw a great light coming out of
the west as if a new sun was arising.
And that caused great confusion
among the Fomorians. The joy-filled
Dé Dananns raised their voices to
cry, "*The Deliverer, long-armed Lugh
has returned*," for indeed Lugh's power
was now reaching far over the plains
of the Isle of Destiny.

Great shafts of white and rose-coloured
light shot from the brow of a
magnificent warrior who rode a white
warhorse at the head of the Dé Danann
host.

Holding The Answerer aloft and leading the mighty host, Lugh fell upon the Fomorians who were swept before him like chaff in the wind. Lugh held his hand when there were but nine Fomorians standing. He commanded that they kneel before Nuada and beg mercy.

Sparing their lives, Lugh ordered they return to their dark lord Balor in the north with the message *"that Inis Fáil is Dé Danann territory and free."*

Lugh meets Balor

alor went into a rage when he heard his power was being challenged. He vowed to have his war fleet chain their ships to the Green Land and tow it so far into the frozen north that all life would perish on it, her forests would die and her lakes and rivers freeze over.

In secret, long and careful preparations were under way to make ready the Dé Danann warriors. Every kind of magic and skill would be put to use in confronting the massive Fomorian horde coming out of the north with the vengeful Balor at its head. It was on the Plain of Pillars, at Moytura, to the west of the River Shannon that the two great armies met.

To protect their champion, the Dé Danann chieftains put a special guard around Lugh to keep him from the fighting, while they met the great onslaught. As the battle raged, each night the Dé Danann masters of medicine restored their warriors to strength in healing herb-baths and by their war-craft remade all their broken weapons.

The day of the final great fight soon came. Dark and terrible Balor broke out in front of his enormous army and with the help of ten men lifted the lid of his great poisonous eye to blight the Dé Danann host. Nuada riding at the head of his people fell before the deadly gaze. Ceithleann of the crooked teeth made a vicious attack on the Dagda and dealt him a terrible wound.

It looked as if the Fomorian army would have the upper hand, when Lugh broke away from his guard. Singing a war-chant of courage to his Dé Danann brothers, he made a druid-dance on one foot, one hand behind and one eye shut. Then in front of the fearsome Fomorian King, Lugh made a great cast of his sling-shot, putting Balor's eye out of his head. The evil eye fell so that it faced behind Balor and killed a thousand Fomorians before it faded. With one stroke of The Answerer, Lugh took Balor's head off. Knowing its evil, Lugh placed the head on a great boulder for all to witness. The venom that came from Balor's severed head shattered the great stone. After that, the Fomorians broke rank and it was a rout with the Dé Dananns pursuing the wild scavengers from the north to the sea.

Long-armed Lugh (*Lugh Lámh Fhada*) became High King of Inis Fail and for forty years he held the sovereignty of the land. A time of great peace and plenty followed for the Dé Danann people. The summers were long and blessed with abundant harvests. Lugh's reign was followed by the reign of the Dagda and after that by his sons, Son of Sun, Son of Plough and Son of Hazel (Mac Gréine, Mac Céacht, and Mac Coll).

The part of Donegal which is now called Cloghaneely once bore the name *Tír Lugdach*, meaning the 'Country of Lugh'. Many places in the locality are named from events in our story. County Louth on the east coast is also named for Lugh. In the time of the Red Branch tales, the king of Ulster—Conchobar—had a sister called Dachtire, who was taken away by Lugh by his enchantments to Brugh na Bóinne. The child of their union was Cú Chulainn, the legendary champion of Ulster.

Lugh has been honoured ever since as the good God of summer and plenty.

In the modern Irish calendar, the name for the month of August, is *Lughnasa*, commemorating the ancestor King and the time of his festivities. Lugh is celebrated as the guardian of the returning sun, awakening the earth to bring fertility to the ploughed fields and in particular a good harvest. Lughnasa is celebrated by young people all over Ireland, at the beginning of August, by climbing a chosen hill or mountain in the locality. 'Lá Lugh' is the traditional time for bilberry picking, match-making and celebrating the harvest.

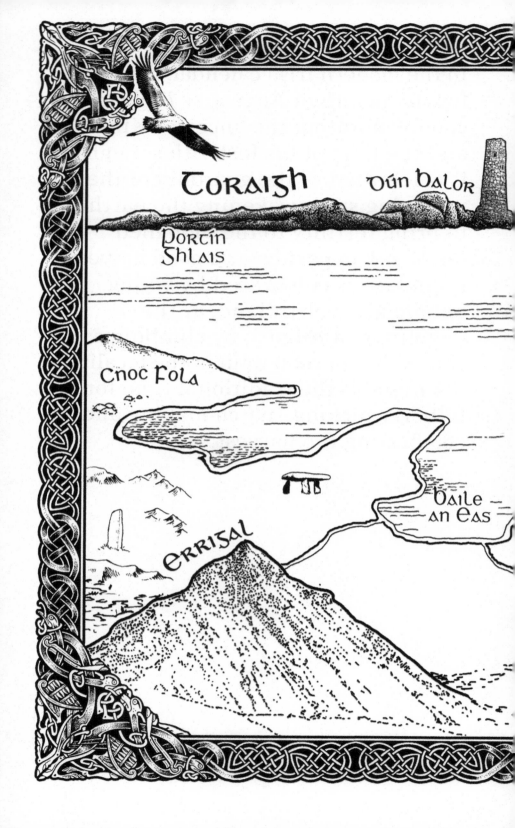

Toraigh

Dún Balor

Portín Shlais

Cnoc Fola

Baile an Eas

Errisal

Tír Lugdach

Drumnatinny

Dún gavida

cloch
cheann
fhaola

Mucais

Lugh na Bua

An Tús

 bhfad agus i bhfad siar sa tseanaimsir, sular leag an duine a chos thíoránta agus a lámh shealbhach ar chladach nó ar chnoc, bhí an tír seo faoi scáth rúnda na Coilleadh Craobhaí. Bhí a cuid mínte is a cuid machairí, a cuid gleannta diamhra is a cuid sléibhte móra taibhseacha faoi bhrat glas, craobhach na gcrann. Bhí a cuid tailte méithe saor ó scríob na seisrí, a cuid garbhchríocha uaigneacha saor ó ghleo na seilge.

Bhí an t-iolar uaibhreach i réim i nglinnte an aeir; an bradán téagartha féithláidir ina neart sna huiscí gléghlana. Thug fraoch agus féar an tsléibhe cothú an tsamhraidh don charria beannach; thug coillte dlútha na ngleannta clúid fhoscaidh dó sa gheimhreadh. Bhí na coillte seo beo le gleo na n-éanlaithe agus le glamairt na n-ainmhithe, lena gcuid búireach agus lena mbagairt.

Maidin, nóin agus deireadh lae chluinfeá gnúsacht na dtorc agus amhastrach na bhfaolchon. Idir dall agus dorchadas, chluinfeá scréachach ard na gceann cait agus bíogarnach bhog na bhfeithidí. Le bánú an lae bhí an saol ina shiansa aoibhnis ag scol ceoil na n-éan.

Tchífeá an chorr mhóna ar a marana ar bhruach na habhna; an torc craosach ag déanamh féaraigh sna mínte ciúine. Fríd chianta cairbreacha gan chuimhne bhí an tír ina fásach sléibhe agus ina fiántas coille; áitreamh sámh na n-éanlaithe is na n-ainmhithe, sin sula dtáinig an daonnaí a ghlacadh seilbhe ar mhín agus ar gharbh.

Ansin de bharr triomaigh agus ganntanais, tháinig scaipeadh ar chéad chine an duine. Óna ndomhan dúchais i bhfad ó dheas san Afraic spréigh siad amach, thriall siad soir agus thaistil siad siar, ag éaló ó ghaineamhlaigh loma an ghorta. Chuaigh siad ó thuaidh agus leathnaigh siad ó dheas ó láthair bunaidh a dtreibhe, ag lorg buaine sealbhaíochta ar thailte níos fabhraí ná iad siúd a d'fhág siad ina ndiaidh. Bhí siad ag lorg buanchónaí san áit a mbeadh cosaint acu ar a dtailte agus ar a dtreibh, ball éigin ina dtiocfadh leo a mbeatha a thabhairt i dtír faoi rath agus faoi rathúnas.

Sna glúnta gan áireamh sin de fhás agus de fhorbairt an duine, de scaipeadh agus de spréadh ár gcine óna gcliabhán i mbroinn leathan na hAfraice, samhlaímid gur shroich dream éigin acu an t-oileán glas-scoite seo ar imeallchríoch an domhain; dream nach bhfuil trácht nó iomrá ar bith orthu níos mó is nach bhfuil a n-eachtraí á laoidheadh againn sa tseanchas.

Ach go dtáinig siad agus gur aimsigh siad tír thais ina bhfaigheadh siad riar a gcás, ná cuireadh sé iontas ar bith orainn. Ón tús bhí an duine daonna triallach agus treallúsach. Ar fhan siad anseo go buan nó ar imigh siad le hathrú aimsire; ar mheasc sliocht a sleachta leosan a tháinig ina ndiaidh nó an dtáinig plá nimhe orthu a scrios is a chlóigh iad, níl foilsiú na ceiste sin againn. Ach b'iadsan, measaimid, an dream anaithnid seo a chuir tús leis an scéal daonna anseo in Éirinn ghlas na gceithre mbeann.

Na Tuatha Dé Danann

íl muid ach ag meabhrú ár slí romhainn go bacach agus ar bheagán eolais fríd na cianta imchiana úd atá faoi thrácht againn anseo. Cianta atá as raon tuairisce na staire ach a bhfuil mearchuimhne orthu i bhfinscéalta ár ndaoine.

Agus i dtaca leis na finscéalta céanna, déarfainn gur iontu atá an mheabhraíocht mhór nó measaim, bíodh sé ceart nó mícheart, gur iontu atá an tAnam Dúchais ag nochtadh is ag aithris i modh rúin, miotais bhunaidh an Duine agus an Chine.

Sa tsean-am, in óige an tsaoil, tháinig ciníocha éagsúla chun na tíre; muintir Pharthaláin, Clanna Neimhidh, na Fir Bolg. Tháinig siad, ghabh siad agus bhuanaigh siad ar feadh tamaill go dtí gur cuireadh as seilbh iad nuair a tháinig dream ní ba thréine i dtreis sa tír.

De na dreamanna seo uilig a tháinig ag gabháil seilbhe agus ceannais, b'iad na Tuatha Dé Danann an dream a b'iomráití de na chéad chiníocha a bhí in uachtar anseo go teacht na gCeilteach.

Tá gáir agus glóir a gcuid laochra á chur fós gos ard inár gcuid scéalta. Tá Nuada Airgeadláimh, An Daghdha Mór, Dian Cécht, lia oilte na luibh íce, agus Lugh Lámhfhada, dia na gréine, beo fós i samhlaíocht ár gcine.

Dream feasach a bhí sna Tuatha Dé Danann agus tháinig siad i dtreise agus i gcumhacht mar go raibh siad eolach ar dhraíocht. Ar a dteitheadh daofa ón Ghréig chuaigh siad chun na hIorua ar dtús agus ina dhiaidh sin go hAlbain. As an tír sin a tháinig siad go hÉirinn.

Bhí a gcuid draoithe leo ar a dteacht, a gcuid fear agus a gcuid ban feasa;

sainaicme a bhí oilte ar gheasa agus ar ghintlíocht. B'iad seo idirghabhálaithe na treibhe idir an saol seo agus an saol eile; lucht faisnéise na Cinniúna a thug foilsiú ar a raibh i ndán don duine.

Ar Chnoc Uisnigh, i gcroílár na tíre, is ansin a d'adhain na draoithe a gcuid tinte íobartha, a gcuid tinte beannaithe. Is ann a chleacht siad a gcuid deasghnátha cianársa agus iad ag adhradh na ndúl. Is ann fosta a thigeadh an ríshliocht, na huaisle agus an choitiantacht le hómós a thabhairt do Dhanú, an bandia dár dtug an treibh géilleadh agus dílseacht agus óna bhfuair siad a n-ainm.

I dTeamhair na Rí a bhí dúnáras maorga na ríochta; pálás galánta na coirme is an cheoil, láthair na poimpe is an mhustair, grianán na ndán, dún daingean na bhflatha is na laochra, máigh ghréine na himeartha is na báire.

Is ann a coinníodh an Lia Fáil faoi ghradam agus faoi gharda. Cloch dhúrúnda na Cinniúna, measadh gur ceann de bhuanna na cloiche seo go gcinnteodh sí ceannas na tíre daofasan a raibh seilbh acu uirthi. Chan aon iontas go raibh na Tuatha Dé Danann mórálach aisti agus cosantach fosta.

Le ham agus le haimsir threisigh na Tuatha Dé Danann a ngreim ar an tír. Thuig siad gur móide a neart a líon, agus rinne siad síolbhach. Thóg siad dúnta a gcosanta. D'obair siad na mínte agus na móinte. Bhain siad a mbeatha as toradh na gcraobh, as féile na cré, agus as taisce éisc agus cnuasaigh na farraige. Bhí nós acu lia os leacht a thógáil san áit a ndéanfaí duine dá dtreibh a adhlacadh.

Ba mhór an dream iad le healaín agus le ceird fosta. Thug a gcuid gaibhne an miotal uasal chun míneadais, an t-ór agus an t-airgead, agus rinne siad seoda luachmhara a shaothrú as. Mhúnlaigh siad claidhfeacha faobhracha dornmhaiseacha. Dhealbhaigh siad sleánna géara greanta.

Bhí lucht sníomhacháin acu fosta a rinne na gréasáin éadaigh a ba deise ar ar leagadh súl; clócaí troma den órshnáth; ionair agus léinte d'abhras mín teolaí agus fallaingeacha olla arbh éacht snáthaide an obair bhróidnéireachta a mhaisigh iad.

Ba leo an tír de cheart gabhála agus bheadh siad ar a sáimhín só ach amháin go raibh na Fomhóraigh, dream fíochmhar de fhoghlaithe mara a raibh oileáin an iarthair faoina gcosa acu— ag déanamh creiche orthu agus ag tógáil críosa agus cánach uatha.

Balor agus na Fomhóraigh

hí dúnáras na bhFomhórach suite i dToraigh, seancharraig gharbh lom naoi míle farraige ó chósta an iarthuaiscirt. Ón oileán seo théadh siad ag déanamh creiche agus foghail mhara ar fud chósta thiar na tíre. Balor Béimeann a bhí ina thaoiseach orthu san am seo atá faoi thrácht againn.

Bhí súil nimhe i gceartlár a éadáin, súil a bhí chomh millteach marfach ina béim agus ina raon gur ghá dó í a choinneáil faoi chumhdach seacht mbréid de thromleathar ach amháin nuair a b'áil leis an t-ár a dhéanamh. Ansin nochtódh sé an tsúil mhallaithe agus mharódh sé a raibh i raon a radhairc. Ach chan amháin sin, le claonamharc mallaithe dá shúil nimhe, chuirfeadh sé gach glaise ó fhás; an féar, barraí na gcuibhreann agus duilliúr na gcrann. Ba i ngeall ar an chumas millteanach sin a tugadh Balor na Súile Nimhe ar an Fhomhórach fíochmhar seo.

Fiafraíonn tú an raibh an tsúil olc seo leis ó bhreith? Is cosúil nach raibh. Ach bhí an fabht ann ariamh sa mhéid is gur shantaigh sé an ceann is fearr a bheith aige ar achan nduine. Chuir sé dúil chráite san ealaín dhubh agus é ina ghasúr, sna geasróga urchóideacha agus sna horthaí mírúin a chleacht lucht an oilc ar an oileán. Mheas Balor agus é ag teacht i méadaíocht go dtabharfadh an ealaín dhubh flaitheas agus forlámhas dó agus sa bhreis air sin, go mbeadh stiúir dhiabhlaí aige thar a chinniúint féin ionas go dtiocfadh leis an chinniúint sin a ordú mar a d'fhóir dó.

Lá amháin agus é ina stócach, bhí sé i gcuideachta lucht an oilc agus iad ag toghairm deamhain as an taobh dorcha den tsaol. D'éirigh gal nimhe as an choire dubh diabhlaí a bhí á ghiollacht acu os cionn craos na tine agus isteach i gceann de shúile Bhaloir. Creachadh an tsúil agus líonadh í le sceith mhillte an oilc. Ón lá sin amach b'éigean dó seacht ndallóg chosanta a chur ar an tsúil mhallaithe sin ar eagla go ndéanfadh sí milleadh agus marbhadh ar a mhuintir féin. Ach ní raibh stop ar bith air í a úsáid le slad a dhéanamh ar na Tuatha Dé Danann.

Faoin am go raibh Balor ina thaoiseach ar na Fomhóraigh, bhí sé creidthe aige nach ndéanfaí a chluiche caointe a fhearadh go deo mar go raibh sé, dar leis féin, dobhásaithe. Bhí sé cloiste aige óna chuid draoithe go mairfeadh sé go deo i saol na mbeo. Ach d'fhoilsigh siad dó fosta go raibh éasc beag amháin ina chinniúint.

"*Beidh tú beo go deo*," a dúirt siad leis, "*mara muirfidh d'ua féin tú*".

Ní raibh mac nó ua ar bith aige. Ní raibh de shliocht air ach Eithne, an t-aon iníon. Dhéanfadh sé cinnte nach leagfadh leannán fir lámh uirthi go brách. Chuirfí faoi ghlas agus faoi eochair í i dtúr docht eabhair ar bheanna gágacha Thoraí, bheadh buíon de bhanlaochra neamheaglacha, ainscianta á gardáil lá agus oíche agus ní cheadófaí do fhireannach ar bith a theacht ina láthair, ach amháin Balor é féin. Éinne eile a dhéanfadh iarracht teacht i ngaire nó i ngaobhar díthe, dhéanfaí é a dhaoradh chun báis ar an bpointe boise.

Ní shaolófaí páiste ar bith d'Eithne le linn blianta a toirchis agus diaidh ar ndiaidh, rachadh sí in aois agus d'éireodh sí seasc. Ba sin mar a d'ordaigh Balor díthe agus tá fothracha Dhún Bhaloir agus Phríosún Bhaloir le feiceáil ag ceann thoir Thoraí go dtí an lá inniu. Ach nuair a tháinig Eithne in aois a hinmhe dhúisigh, mar

is dual d'aon ógmhnaoi, dúchas an bhaineannaigh ina corp agus ina céadfaí. Thigeadh leannán luí chuici ina taibhrithe oíche.

Agus bhí fhios aici ina croí istigh go mbeadh sé léithe go hiomlán uair éigin agus go gcuirfeadh sé gin ina broinn. In ainneoin gach cosc agus cosaint ní chuirfí cúl ar an chinniúint.

An Ghlas Ghaibhleann

a choirnéal thiar thuaidh den tír, tá Droim na Tineadh, fearann talamh a bhí i seilbh mhuintir Dhanann sa tsean-am. Suite ar bhruach na mara, an Mhucais Mhór torcleathan ar a chúl, oileán mórbheannach Thoraí ar a aghaidh amach. Anseo a bhí cónaí ar Ghaibhide, an gabha miotail a ba chumasaigh agus a ba ildánaigh de ghaibhne na dúiche.

Lena bheirt deartháireacha, Ceannfhaola agus Sámhann choinnigh siad súil ghéar ar an chósta ionas go dtiocfadh leo rabhadh na práinne a thabhairt dá ndaoine dá bhfeicfidís bagairt ar bith ag teacht ionsorthu ó Thoraigh, ó dhún dubh danartha Bhaloir.

Thigeadh a lucht leanúna thar sáile ar ruaigeanna bradacha fuilteacha. Bhí ar thuatha an chósta a bheith i gcónaí san airdeall agus réidh faoi airm agus faoi éide le cur in aghaidh lucht na creiche. Bhí bó bhainne ag Ceannfhaola —an *Ghlas Ghaibhleann* a tugadh uirthi. Ba seo Fearb na mBeannacht, an bhó a ba throime útha agus a ba mhó bainne dá bhfacthas ariamh.

Choinnigh sí bainne milis lena daoine samhradh agus geimhreadh. Thál sí orthu ionas nach raibh siad ariamh ar an ghanntanas. Le cois flúirse bainne, bhí im, cáis, gruth agus bláthach acu fosta ina mollta agus ina slaoda.

Ní nach ionadh bhí Ceannfhaola an-chosantach as an bhó acmhainneach seo agus choinnigh sé faoina shúil í maidin agus oíche agus dá dtiocfadh air geábh ó bhaile a thabhairt ar ghnó éigin bhí an Ghlas Ghaibhleann leis i gcónaí ar cheann téide.

Fear santach a bhí i mBalor Béimeann a raibh a shúil chraosach aige i gcónaí thar chuid na comharsan. Bhí sé go mór in éad agus i bhformad le Ceannfhaola cionnas go raibh a leithéid de bhó aige; bó a thairg bainne dona threibh uilig agus nach dteachaigh tirim ariamh ach a choinnigh ag tál séasúr i ndiaidh séasúir.

Shantaigh Balor an bhó mhíorúilteach seo ach sháraigh air í a ghabháil ar dhóigh nó ar andóigh. Tuigeadh dó go raibh an bhó faoi gheasa draíochta agus í ar cheann téide le Ceannfhaola. Chaithfeadh sé cleas gasta a oibriú a thabharfadh ar Cheannfhaola scaradh le téad na geise.

Chuaigh sé i muinín na chéadmhná a bhí aige, ainscian mná darb ainm Ceithleann na gCamfhiacla, bean a raibh an ealaín dhubh léithe ó dhúchas is a bhí ábalta ainspridí a thoghairm is a ordú, deamhain fola a dhiúlfadh an bhrí as duine. Bhí sé ar a cumas fosta a cruth a athrú is a ghabháil i riochtaibh éin nó ainmhí mar a ba mhian léithe.

Dálta Bhaloir, bean chealgach, chleasach, dhrochchroíoch a bhí inti a bhain sásamh agus pléisiúr as a bheith ag cothú ceilge agus oilc. "*A bhean mhilis na míghníomh a sheas liom i gcath agus i gcomhraic,*" arsa Balor léithe go hurramach, "*bheadh an saol ar mo thoil agam dá dtiocfadh liom an Ghlas Ghaibhleann a áireamh i measc mo shealbhán bó. Ach tá sáraithe orm go nuige seo í a thabhairt anseo go Toraigh. Tá do chuidiú uaim anois leis na geasa dubha atá uirthi a bhriseadh.*"

Ní raibh uirthise ach lúcháir lámh a bheith aici i rún na hurchóide.

Lena cuid briochtaí diabhlaí dúfholacha, rinne sí deamhan urghránna a thoghairm. D'éirigh sé as na duibheagáin agus tháinig sé ina láthair; leath a dhúchais ina dhuine chomh graifleach is a d'fheicfeá, an chuid eile de ina ghabhar giobach graosta.

Bhí teangacha tine ina thimpeall agus é ag caint:

*Ní ghabhfar le hairm í
Ní thógfar le lámh láidir í;
Ar mhalairt crutha, ó do dhún
meall chugat í le cealgrún.*

I bhfaiteadh na súl bhí sé ar shiúl agus an áit fágtha bréan aige le boladh coirp ag lobhadh. Fágadh faoi Bhalor a bhrí is a chiall féin a bhaint as caint na hainspride.

Lá de na laethanta úd, thug Ceannfhaola cuairt ar cheárta a dhearthár Gaibhide le claimhte úra a fháil déanta. Is minic a bhíodh sé féin agus a dhaoine i ndeabhaidh lainne leis na Fomhóraigh agus bhí éileamh acu ar shleanntracha úra i dtólamh lena gcuid bheag den tsaol a chosaint.

Mar a ba ghnách bhí an Ghlas Ghaibhleann leis ar théad na geise. Ar theacht dó ar amharc na ceárta fuair sé blas de bholadh borb na toite ar an aer agus chuala sé casúracht chrua an mhiotail á theilgean. Ní chuirfeadh sé Gaibhide dá bhuille go fóill. Sheas sé ag déanamh aeir agus aoibhnis dó fhéin. Bhí gnaoi na gréine ar chnoic an tráthnóna agus an fharraige ina léinseach ghlasghorm, loinnireach go bun na spéire. Faraor ní deathuar a bhí i gciúnadas na mara do bhunadh na gcóstaí ach a mhilleadh ar fad. Ba sin an t-am a ba dóichí do Bhalor is a chuid bithiúnach a theacht i dtír.

Le linn dó a bheith ina sheasamh ansin fá fhad scairte den cheárta cé a tháinig chun tosaigh ach a dheartháir Sámhann, an té a b'óige den triúr acu. Bheannaigh siad dá chéile go croíúil agus rinne siad a gcomhrá ar feadh seal bhig. Bhí Sámhann sa cheárta fosta le claíomh úr a ordú. D'fhág sé scoith an ábhair miotail ag Gaibhide, an chré-umha ab fhearr sa tír, a dúirt sé, le claíomh a dhealbhadh nach mbeadh a shárú le fáil. Bheadh sé ina fhear gnímh ansin, arsa seisean go móruchtúil agus bheadh a ainm i mbéal a dhaoine as géire a lainne agus as feabhas a bhuille.

Is beag dochar i ndáiríre a bhí i Sámhann. Ní raibh ann ach glas-stócach a bhí tugtha don mhaíomh agus don bhladhmann teanga. Ní raibh i gcaint a dhearthár, dar le Ceannfhaola, ach mórtas díchéillí na hóige ach choinnigh sé a bhéal druidte. Níor mhaith leis beaguchtach ar bith a chur ar an ógánach agus fir troda de dhíth orthu in aghaidh na bhFomhórach.

In ainneoin a chuid gáifeachta cainte bhí muinín aige as Sámhann. Aithníonn an fhuil a chéile. Dá thairbhe sin d'fhág sé an Ghlas Ghaibhleann faoina chúram ar feadh an achair bhig ama a bheadh sé sa cheárta ag ordú na lanntracha ó Ghaibhide.

Istigh sa cheárta bhí bladhmsach dhearg thineadh agus gasúr óg i mbun na mbolg ag coinneáil gaoithe léithe. Bhí Gaibhide crom ar a chuid oibre agus an miotal te faoi luí na mbuillí aige; buille go réidh, buille sa bhéim, rithim thomhaiste á hoibriú aige amhail is gur ag déanamh dáin casbhairdne i miotal a bhí sé.

Dhírigh sé suas agus d'fháiltigh roimh a dheartháir. D'inis Ceannfhaola fáth a chuarta dó. *"Dhéanfaidh mé lansa géar, lánlíofa duit, a dheartháir,"* arsa Gaibhide, *"lann a scoithfidh clogad ón cheann agus an ceann ón chorp. Beidh an lá linn go fóill. Gheobhaidh muid lámh an uachtair ar an fheallaire fola sin i dToraigh."*

Fad agus bhí Ceannfhaola sa cheárta lig Sámhann fad téide leis an bhó agus rinne sí innilt go sámh fá na bruacha milse glasfhéarmhara. Le linn dó bheith ina shuí ansin go sómasach agus an téad aige ar bhacán a láimhe, tháinig stócach rua dea-chumtha an bealach. Sheas sé lena chomhrá a dhéanamh. Cé nár leag Sámhann a shúil air ariamh, théigh sé leis an strainséir láithreach, an coimhthíoch dea-chroíoch céillí cainteach seo as íochtar tíre.

In ainneoin go raibh Sámhann teasaí ó nádúr bhí an bhoige ann fosta agus é somheallta soineanta ina dhóigh. Thug an stócach rua deisbhéalach le tuigbheáil dó gur chuala sé iad ag comhrá eatarthu féin istigh sa cheárta agus é ag gabháil thar bráid. Bhí siad, de réir mar a chuala seisean, ag beartú cuid miotail Shámhainn a úsáid i ndéanamh a gcuid lanntracha féin agus ag gabháil a chur miotal gan mhaith i gclaíomh s'aigesan.

"Ní haon chuid do mo ghnóithese é," arsa an stócach rua go meallacach, *"ach ina dhiaidh sin agus uile bhí leisce orm gan focal a chur i do chluais. Is fuath liom go ndéanfaí éagóir ar dhuine chomh díreach macánta leat féin. Ach déan do chomhairle féin."*

Shlog Sámhann siar gach focal dar dhúirt an stócach rua leis. Níor shamhlaigh sé ariamh go mbeadh a dheartháireacha ag beartaíocht mar seo ar chúl a chinn. Bhí sé ar daoraidh faoin chaimiléireacht a bhí ar siúl acu. Bhainfeadh seisean an bheirt ghlic shleamhain seo sa cheárta dá mbuille, a dúirt sé go gairgeach.

Shín sé téad na bó chuig an stócach rua. *"Coinnigh thusa súil ghéar ar an bhó seo go dtige mise aríst,"* arsa seisean agus é dearglasta le fearg.

Ar a mhéid is a bhí sé tógtha, d'imigh sé faoi stiúir chonfach agus é ag brath aghaidh a chraois a thabhairt ar a bheirt deartháireacha. "*Bíodh geall go mbainfidh mise an gliceas astu*," a bhí sé a mheabhrú dó féin agus é ag tarraingt isteach ar gheafta an cheárta.

Chomh luath agus a chonaic Ceannfhaola chucu é isteach an doras agus cuil thógtha air, bhí fhios aige gur cuireadh an dalladh dubh air agus go raibh an Ghlas Ghaibhleann i mbaol. Amach leis chomh tiubh géar agus a bhí ina chnámha ach ar an drochuair bhí sé ródhéanach.

Bhí cóir gaoithe ag séideadh anuas ón Eargail—Ceithleann, bean Bhaloir a thóg an stoirm shíobtha seo—agus chonaic Ceannfhaola bád Bhaloir amuigh ar an fharraige agus í ag imeacht le scód, an Ghlas Ghaibhleann ar bord.

Shuigh sé síos agus thosaigh sé a mhairgnigh. Chaoin sé uiscí a chinn go doilíosach dobhrónach. Bhí a bhó, a mhuirnín dílis, a raibh a géim níos binne ina chluais ná ceol na céirsí, a raibh a bainne níos milse na méad na Teamhrach, a raibh a húth níos flúirsí ná Coire an Daghdha; bhí an bhó mhuirneach seo fuadaithe uaidh agus gan fiú buille fearúil amháin buailte aige lena cosaint nó lena sábhail.

Dúirt Gaibhide leis gan óinseach chaointe a dhéanamh dó féin ach a aghaidh a thabhairt ar a chaill go cróga. Chuir sin ciall ann. Sheasaigh sé ar a chosa agus thug sé móid agus mionna go rachadh sé ar thóir na bó agus go mbainfeadh sé díoltas agus éiric fola as Balor na Súile Nimhe.

Bhí Balor ag seoladh na dtonn go sona sásta agus an Ghlas Ghaibhleann, an bhó a shantaigh sé le fada an lá ar bord leis agus ina sheilbh anois. Ní thiocfadh leis a racht meidhréise a chloí. Shuigh sé i dtosach an bháid agus rinne sé bó dó féin ag gáirí. D'éirigh lena chleas go deas, bhí sé ag stealladh magaidh faoin leithscéal bocht de fhear a lig uaidh an bhó ar scéal i mbarr bata. Ba ag an áit ar a dtugtar Port na Glaise a tháinig siad i dtír i dToraigh.

Chuaigh Ceannfhaola i gcomhairle le Bioróg an tSléibhe, bandraoi na treibhe a raibh cónaí uirthi i gCró Bheithe faoi cad é a bhí indéanta le héiric na bó a bhaint as Balor.

"Ba mhaith liom an ceann a stealladh dó," arsa Ceannfhaola léithe go teasaí.

"Tá sé sa tairngreacht go mbeidh Balor beo go maróidh a ua féin é," arsa Bioróg an tSléibhe go séimh stuama. *"Agus os rud é nach bhfuil cead fir ag a haon-iníon, ní bheidh clann uirthi."*

Chuaigh sí i mbun a cuid cleachta draíochta ansin; bheannaigh agus choisric sí a cuid luibheanna le briathra rúndiamhra, bhruith sí i bpota dubh iad agus d'ól an sú te as a neart. I marbhshuan na faisnéise cuireadh a raibh le déanamh acu i bhfís uirthi. Chan sí an méid a foilsíodh díthe i ndán:

Le héadach bán, le héadach bán,
déanfar díotsa leannán;
Le héadach bán, le héadach bán,
Foinseofar asat leanbhán.

Triallfaimid de bharr na dtonn go Toraigh
Faoi gheasa an leasa, faoi gheasa an leasa;
Triallfaimid de bharr na dtonn go Toraigh
is oibreoimid ár rún feasa

I mbeartas páirte dhéanfadh siad an gníomh, a dúirt Bioróg. Ar shéideán draíochta, fuadar gaoithe fúthu, scinn siad thar fharraige shuaite anonn go Toraigh agus go hiníon Bhaloir.

Tháinig beirt bhan i láthair Eithne agus a cuid banlaoch, mná uaisle i gclócaí d'olann bhán caorach; máthair agus iníon, mar dhea, a bhí ag lorg coimirce agus dídine tar éis don tsoitheach ina raibh siad ag seoladh inti a ghabháil ar na carraigeacha.

"Is bocht linn do thoisc chugainn," arsa Eithne, *"agus ní bheidh orainne ach lúcháir aíocht na hoíche a thabhairt daoibh."*

Chan i bhfad go raibh Eithne agus iníon na mná uaisle ag comhrá go haigeanta agus ag cur dúil ina chéile. Agus ba ghearr an t-achar ama gur tuigeadh d'Eithne gur fear i gcumraíocht mná a bhí ina cara. Ba seo an leannán luí a bhítear á thaibhreamh díthe le fada. Agus mar a b'eol díthe ina croí agus ina céadfaí go dtiocfadh sé, fíoraíodh an aisling sin anois agus bhí sé anseo lena taobh agus iad beirt ag gabháil i gcion ar an duine eile.

Chan Bioróg a cuid orthaí suain agus thit tromchodladh tobann ar bhanlaochra an dúin. Fágadh Eithne agus Ceannfhaola i mbaclainn a chéile i gcaitheamh na hoíche. Agus an bheirt leannán seo dlúite lena chéile go grámhar i bhfuil agus i bhfeoil, cha raibh le cluinstean ar an oileán ach roisteacha na farraige móire ag éirí ar na carraigeacha agus ochlán na gaoithe ag séideadh ar fud na gcladach.

Naoi mí ina dhiaidh sin saolaíodh triúr mac d'Eithne.

Bhí an saol ar a thoil féin ag Balor, ag goid is ag fuadach creiche agus ag déanamh craos óil agus bídh. Bhí sé tiarnasach agus lán de féin go dtí gur hinsíodh dó faoi bhreith na bpáistí. Chuir sin ar buile agus ar báiní le holc é.

Bhí na páistí damanta seo ag tuar tubaiste dó. Bhí an bheatha shuthain a gealladh dó i mbaol dá mairfeadh éinne de na hóí seo. Chaithfí iad a chur de dhroim an tsaoil láithreach. D'ordaigh sé an triúr naíonán a chuachadh suas i stiall éadaigh, cloch ualaigh a chur sa bheart lena thromú agus iad a chaitheamh ó na beanna amach i mbéal na toinne a bhí ag briseadh ina cúr cuthaigh ar na carraigeacha.

Rinneadh mar a hordaíodh agus caitheadh na páistí le haill na mara. Ach aisteach go leor scaoil an biorán deilge a bhí ag coinneáil an éadaigh agus thit duine de na naíonáin amach sula dteachaigh an t-ualach go tóin poill. Port an Dealg ainm na háite sin i dToraigh ó shoin.

Tháinig Bioróg an tSléibhe, í dofheicthe sa dallcheo draíochta a thóg sí; sciob léithe an naíonán agus tharrtháil ó bháitheadh é. Lugh an t-ainm a tugadh ar an naíonán seo. Agus í á thógáil chuici ón duibheagán thug sí rótharraingt dá sciathán, rud a d'fhág go raibh lámh amháin dá chuid níos faide ná an ceann eile. Sin mar a fuair sé an t-ainm Lugh Lámhfhada. Ansin d'fhág sí é faoi choimirce Ghaibhide i nDroim na Tineadh. Bhí sé de chinniúint aige go mbeadh Fearaibh Fáil a mhóradh go brách. Báitheadh an bheirt eile, Gaoth agus Rón.

Nuair a fuair Balor amach gurb é Ceannfhaola a bhain mealladh as Eithne agus a luigh léithe, ní thiocfadh é a chló nó a shásamh. Ní raibh ar a umhail ach díoltas. Tháinig sé i dtír i mBaile an Easa lena shlua de lucht braide agus foghla ag cur comhraic ar Cheannfhaola agus a mhuintir. Le hochtar fear claímh throid Ceannfhaola agus a bhuíon beag go cróga ach roimh

líon agus neart na bhFomhórach thit siad sa bhearna bhaoil, fear ar fhear, go dtí nach raibh fágtha ina sheasamh daofa ach Ceannfhaola é féin. Gabhadh é agus ar bhloc grianchloiche, cóngarach do láthair an áir, steall Balor an ceann de.

Tá sé ráite go bhfuil rian na fola le feiceáil riamh ó shoin i bhféitheacha deargrua na cloiche sin. Seo an chloch as ar ainmníodh Paróiste Chloich Cheann Fhaola agus tá sí le feiceáil go fóill in airde ar philéar cuimhneacháin i mBaile Uí Chonaill, atá lámh leis an Fhál Carrach.

Lugh

gceárta Ghaibhide a hoileadh Lugh agus é ina ghasúr i gceird uasal ársa na gaibhneoireachta. Ba léir ón tús go dtáinig an cheird seo leis go réidh éasca amhail is go raibh seantaithí shinseartha a mhuintire leis go hiomlán ó nádúr. B'iontach le Gaibhide an ábaltacht nádúrtha seo a bhí ag an ghasúr, an stuaim láimhe agus an éirim ealaíonta a bhí ag an bhuachaill agus é ag oibriú an mhiotail. D'aithin Gaibhide go raibh bua osnádúrtha ag an ghasúr. Bhí lámh shéanta na ndéithe, dar leis, á stiúradh agus á bheannú.

Ach bhí an eagla i gcónaí ar Ghaibhide go gcluinfeadh Balor faoin mhacaomh óg ábalta seo a bhí faoi oiliúint aige i nDroim na Tineadh agus go n-inseofaí dó gurb é a ua féin a bhí ann. Dá gcluinfeadh Balor go raibh a ua ina bheatha agus ina chónaí faoi choim ar an mhórthír, bhí fhios ag Gaibhide nach mbeadh i ndán do Lugh ach an t-anbhás.

De thairbhe an baol a raibh sé ann bheartaigh Gaibhide an buachaill a chur ar daltachas chuig Taillte, bean feasa a raibh cónaí uirthi i lár tíre i bhfad ó raon radhairc agus ó réim cumhachta Bhaloir. Faoi oiliúint ó Thailte, chuir sé eolas beacht ar shaol na ndúl, ar luibheanna íce agus ar lusanna bíogúla. *"Meas ar Ghlas"*, ba sin an ceacht a d'fhoghlaim sí dó; urraim a thabhairt do dhomhan glas an dúlra, do mhion agus mór na bithchríche.

Nuair a bhí a théarma daltachais déanta aige tháinig Manannán Mac Lir fána choinne agus thóg leis é go Máigh Meall, an tOileán Séanta inar mhair a raibh ann i mbláth na hóige, saor ó chreachadh na haoise agus ó mhúchadh an bháis.

I dtír seo an tsolais chuir sé breis eolais ar na healaíona go léir a raibh sé ina mháistir orthu cheana féin ionas nach raibh éinne eile inchurtha leis i mbun ceardaíochta nó ag déanamh ceoil agus ag cumadh dáin. Ar an ábhar sin glaodh an tIldánach air.

Cé go raibh réim shíochánta i bhfeidhm ar an Oileán Séanta, bhí curaidh chosanta acu, gaiscígh a bhí oilte i ngach cleas comhraic agus cogaíochta. Uathusan fuair Lugh cleachtadh agus traenáil den scoth ar throid claímh, ar chaitheamh sleá, agus ar mharcaíocht eich. Ba é toradh na hoiliúna sin ar fad go raibh Lugh i ndeireadh báire níos cumasaí mar fhear comhairce agus mar mharcach capaill ná éinne de lucht a mhúinte.

Lá de na laethanta go raibh móruaisle Thuatha Dé Danann cruinnithe le chéile i gcúirt ríoga Teamhrach ag tabhairt géillsine agus móidghealladh dílseachta do Nuada, rí oirirc na treibhe, nocht ógfhear, ard, uasal ag geaftaí órghreanta an dúin ag lorg a theacht i láthair an rí.

Ba chosúil le héirí na gréine maidin shamhraidh an dealramh álainn a bhí ina éadan. Bhí lí an tsabhaircín ina fholt fada fionn. D'fhóir a chóiriú dó, a ionar éadrom ar ghlaise an chuilinn agus feistithe thar a ghualainneacha, clóca fada ar dhath an órbhuí.

Ba léir do dhoirseoirí na cúirte, Cian Mac Cuill agus Míochán Mac Cáinte go raibh an uaisleacht ann ó dhúchas agus ó shinsearacht. B'fhacthas daofa go raibh sé ina dheilbh agus ina chosúlacht macasamhail rídhamhna. Sheas siad ar chúirtéis agus iad á cheistiú.

Cian Mac Cuill: "*Abair linn cé thú féin, do ghnó chun na cúirte agus do cheird.*"

Lugh: "*Is mise Lugh. Gabha miotail atá ionam. Bheadh iontas orm dá mbeadh mo shárú le fáil in aon áit ar fud na ríochta.*"

Cian Mac Cuill: "*Tá Colm Cuillineach againn agus tá sé deaslámhach ar an ghnó sin.*"

Lugh: "*Is mé an ceardaí airgid agus óir is fearr dá bhfaca tú ariamh.*"

Míochán Mac Cáinte: "*Ach tá Credne Mac Cerd againn anseo. Seoid ealaíne atá i ngach uile bhall luachmhar dá shaothar.*"

Lugh: "*Is fear sleá agus saighde mé. Geallaim díbh go mbuailim an marc i gcónaí.*"

Cian Mac Cuill: "*Ach tá Ogma againn, gaiscíoch glórmhar agus deartháir an rí.*"

Lugh: "*Tá mé oilte ar cheol na cruite. Cuirim aoibhneas ar chách le lúth na méar is le binneas na dtéad.*"

Míochán Mac Cáinte: "*Erc Mac Eathamann fear cruite na cúirte agus níl aon lá nach dtugann a chuid ceoil sásamh don rí.*"

Lugh: "*Is file mé, ollamh i gceardaíocht focal agus máistir na casbhairdne. Cuirim brí i gcuisle na teanga a bhogann an croí.*"

Cian Mac Cuill: "*Is amhlaidh é do Mheas Mac Dairbheach, bard mórghradamach na cúirte.*"

Lugh: "*Is fear leighis mé, lia gan cháim a bhfuil fios na seacht nglúnta agam ar chógais na lus is ar rún gach luibhe.*"

Míochán Mac Cáinte: "*Tá Dian Cécht againn, níl goin ná gortú, broid ná breoiteacht, nach dtig leis a leigheas le lus agus le luibh.*"

Lugh: "*Is mise Lugh na Gréine, an tIldánach, máistir gach ceirde agus gairme, laoch na bua, macaomh na gaile agus na gaisce. Gabh agus fiafraigh den Ardrí Nuada an bhfuil a chomhshamhail de ghaiscíoch aige ina bhuíon laochra.*"

Bhí a sáigh iontais ar na doirseoirí faoin údarás cheannasach a bhí ina chuid cainte agus gan ann ach stócach. Labhair sé amhail is go raibh umhlaíocht dlite dó ó dhúchas. B'fhiú leo é a ligean thar na geaftaí cosanta.

Cuireadh cogar i gcluais an rí go raibh laoch óg ildánach ag iarraidh a theacht i láthair na cúirte agus go raibh an chuma air gur ó ríshliocht éigin a tuismíodh é.

Cheadaigh Nuada chun na cúirte é. Ach ar dtús, lena éirim cinn a thastáil agus a mheas, d'ordaigh an rí do churadh fichille na cúirte cluiche a chur ar an fhear óg tréitheach seo. I gcúpla bogadh fadcheannach, bhuaigh an strainséir an cluiche gan aon stró agus gach cluiche de na trí cinn eile a cuireadh air.

Ar léana na báire bhí an bhua leis i ngach cleas aclaíochta; i rásaíocht, i ngleacaíocht agus in imirt cnaige. I dtroid claímh agus i gcaitheamh saighde ní raibh a bhuaileadh le fáil.

Rí léirsteanach, dearcasach a bhí i Nuada agus d'aithin sé go raibh an dúchas diaga sa laoch óg seo agus tuigeadh dó gur cuireadh chucu é le muintir Dé Danann a thabhairt saor ó dhaorbhroid na bhFomhórach.

Thóg Nuada a lámh. Croitheadh Craobh na hÉisteachta. Chiúnaigh gleo na coirme láithreach mar chomhartha urraime agus onóra.

Labhair an rí. *"Fearaim fáilte na cúirte roimh an ghaiscíoch óg seo atá tagtha inár láthair. Táthar a thuaradh domh gur seo laoch ár gcosanta ach nach bhfuil an uair tagtha go fóill. Ina am féin tiocfaidh sé lenár slánú."*

Ina dhiaidh sin bhí fleá agus féasta in onóir an laoich óig seo. Róstadh seacht dtorc thoirteacha ar sheacht dtinidh dhearga; bruitheadh bradáin, bácáladh arán, líonadh coirn le meá bhuí na meala. Rinne siad ól agus aoibhneas agus urghairdeachas le filí agus flatha, aos ceoil agus ealaín agus fionnbhantrácht álainn na cúirte.

Nuair a bhí a sáigh ite agus ólta ag lucht na coirme tharraing Lugh chuige cruit agus bhain sé ceol aisti nár cluineadh a leithéid riamh i gcúirt na Teamhrach. Mealladh iad le binneas draíochtúil an cheoil ionas gur thit a raibh i láthair i dtromshuan sómais. Nuair a dhúisigh siad bhí Lugh imithe as ar ais go Tír an tSolais.

Bhí fhios ag Manannán Mac Lir nach bhféadfadh a mhac altramais fanacht go buan ar an Oileán Séanta. Bhí sé de gheasa air pilleadh arís ar a dhaoine agus iad a thabhairt slán ó leatrom na bhFomhórach. Agus é á chur féin faoi réir don turas ar ais chun an tSaoil Dhaonna, bhronn Manannán a each gealbhán féin air; Aonbharr, each a bhí ábalta gluaiseacht chomh héasca céanna ar an uisce agus a bhí ar talamh. Ní ghabhfadh fogha nó ní ghoinfeadh airm an té a bhí ina shuí ar a mhuin. Ina theannta sin bhronn sé air a chlaíomh dílis féin—An Fhreagaracht.

Lena chois sin thug Manannán éide catha dó, lúireach cléibhe agus clogad cinn a chosnódh is a thabharfadh slán é ó gach gábh is baol. Agus mar bhronntanas scoir, thug sé an Claíomh Solais do Lugh, gléas troda a chloífeadh slóite.

Bhí Nuada agus a chuid fear ag troid go fíochmhar le slua de na Fomhóraigh i gcomharsanacht Uisnigh nuair a tchí siad an marcshlua soilseach ag trasnú na máighe agus laoch an chinn óir ar a dtosach. Bhí loinnir ina ghnúis níos aoibhne ná héirí mhaiseach na gréine maidin shamhraidh. Ghealaigh sé an mháigh le solas a scéimhe. Tuigeadh do Nuada gur Lugh a bhí chucu, an daonnaí diaga a thaispeáin é féin i gcúirt na Teamhrach tamall de bhlianta roimhe sin. Bhí sé tagtha chucu ar ais ón Oileán Séanta, é féin agus a Mharcra Sí, le hiad a shaoradh ó smacht na bhFomhórach.

Eachmharcach na háilleachta, a Chlaíomh Solais á bheartú aige go héachtach, chuaigh sé i ndeabhaidh lainne lena namhaid, é féin agus a mhacra dílis macaoimh. Ba ghearr go raibh an áit ina dhramhaltach dearg fola agus an seachtar Fomhórach a bhí fágtha i ndiaidh an tsléachta ar a nglúine ag géilleadh agus ag lorg ceathrú anama. D'ordaigh Lugh daofa feacadh na humhlaíochta a dhéanamh os comhair an Ardrí Nuada. hIarradh orthu ansin pilleadh ar dhúnáras na bhFomhórach agus hinse do Bhalor Béimeann go raibh Inis Fáil faoi cheannasaíocht Thuatha Dé Danann anois agus go raibh deireadh lena réimeas brúidiúil.

Ní sásta a bhí Balor ar chluinstean do faoi scéala an bhriste. Bhailigh sé a chabhlach long i gceann a chéile agus lena chuid fir airm ar bord tháinig siad ag ionsaí na tíre. Fearadh cath fuilteach idir iad agus na Tuatha Dé Danann ag Máigh Tuireadh in iarthar tíre. Ba mhillteanach gáir an chatha agus clagarnach thréan na mbuillí ar

sciatha cosanta na ngaiscígh. Bhí sé de bhuntáiste ag na Tuatha Dé Danann go raibh Dian Céacht leo agus go raibh an lia éirimiúil seo ábalta a gcuid fear gonta a leigheas láithreach agus iad a chur amach athuair ag troid ar pháirc an chatha.

Ach in ainneoin sin bhí a gcaill ar láthair ar áir ag gabháil i méid. Thit Nuada Airgeadláimh agus é ag troid ar thosach an tslóigh. Bhí an áit ina ármhá fola, na coirp ag carnadh agus an t-aer ar crith le gleo grod an chatha agus le golghártha agus éagaoineadh na bhfear gortaithe.

Nuair a cailleadh Nuada ghlac Lugh ceannas ar na Tuatha Dé Danann, mheanmnaigh sé iad, chuir sé eagar orthu agus spreag sé iad lena éacht gaile agus gaisce agus é ar thosach na bruíne. Bhí Balor i lár an chatha, ag gríosadh a chuid Fomhórach ach nuair a ba léir dó go raibh siad ag cailleadh talaimh agus ag cúlú, shocraigh sé go raibh an t-am ann le hár a dhéanamh. Chonaic Lugh go rabhthar ag baint na ndallóg cosanta de shúil nimhe Bhaloir. Bhí sé réidh agus a chrann tabhaill i bhfearas aige. Chomh luath agus a nochtadh an tsúil mhillteach, scaoil Lugh urchar cloiche leis agus bhrúigh sé súil nimhe a sheanathar glan amach fríd chúl a chinn nó gur thuirling sí i Sligeach san áit ar a dtugtar Loch na Súl ó shoin.

Bhí de thoradh air sin go ndearnadh creach agus slad ar líon mór na bhFomhórach ar ar teilgeadh stiallta marfacha den tsúil mhallaithe. D'ardaigh Lugh a Chláíomh Solais go caithréimeach agus steall sé an chloigeann de Bhalor. Fíoraíodh an tairngreacht.

Ghéill na Fomhóraigh, an fuílleach daofa a tháinig slán ón ár. Bhí deireadh lena réim creiche in Éirinn. As sin amach bhí an tír i lámha Thuatha Dé Danann. Ceapadh Lugh ina ardrí agus tháinig bláth agus ráth ar shaol na tíre; mhéadaigh líon na ndaoine; bhí flúirse bídh acu ó shíolchur na ngort; tháinig barr feabhais ar ealaín agus ar cheird.

Faoina réimeas dea-riartha bhí suaimhneas i bhfeidhm ar fud na tíre.

I gCloich Cheann Fhaola—ainmnithe as an chloch iomráiteach ar ar stealladh an ceann de Cheannfhaola, athair Lugh —tá ár leagan áitiúil féin againn de mharbhadh Bhaloir.

Tógadh Lugh i nDroim na Tineadh agus d'fhoghlaim sé gairm na gaibhneoireachta óna uncail Gaibhide. Faoin am go dtáinig sé i méadaíocht bhí sé feasach ar Bhalor Béimeann agus ar an ghaol fola a bhí eatarthu. Ach de thairbhe gur bhain sé an chloigeann dá athair agus go raibh sé ag déanamh millidh agus maraithe ar mhuintir Dé Danann, ní raibh dáimh ar bith ag Lugh lena sheanathair.

Ní bheadh siad choíche go deo ar na hóí le chéile. Bhí sé intuigthe aige go hóg ina shaol gur eisean an t-aon duine beo a raibh sé de chumhacht aige Balor a mharú. Mar a tharla bhí sé i mbun na ceárta an lá go dtáinig Balor chucu ag ordú claímh. Bhí Balor aineolach ar an stócach ard, ceannasach a bhí sa cheárta. Is beag a shíl sé gur seo a ua féin, an garmhac a caitheadh go míthrócaireach amach i mbéal na toinne cúig bliana déag roimhe sin. Ina aigne féin, bhí Balor daingean de gur chuir sé críoch báite ar a thriúr óí agus go raibh sé domharaithe dá bhrí sin.

Fad agus a bhí sé ag feitheamh lena chlaíomh sheas Balor ansin go mórthaibhseach agus é ag maíomh agus ag déanamh gaisce as an dóigh ar chur seisean laochra móra a linne ó chrích. Níor cluineadh riamh sa cheárta a mhacasamhail de shéideog mhórtais. Las an maíomh marfach seo splanc an dubhfhuatha san óglach óg.

Nuair a fuair Lugh an deis ar a sheanathair sháigh sé bior dearg te isteach i gclár a éadáin agus loisc an tsúil nimhe. Ach bhí urradh millteanach i mBalor go fóill in ainneoin go raibh sé loite go holc. I gcomhrac claímh throid siad go treán; Balor ar an ionsaí, Lugh ag cúlú. B'iomaí buille a buaileadh, a gclaimhte lannleathana colgdhíreacha á sáthadh acu i gcorp agus i muineál a chéile, a dtromghártha catha mar bhúireach na ndámh allta.

Faoi scáth an Eargail agus iad beirt cnámhghearrtha, crólinnteach, creachta,

thit Balor as a sheasamh, é cloíte agus
i ndeireadh a chaithréime is a ghaisce.
Le buille bríomhar, borb, neartmhar
dá chlaíomh steall Lugh an ceann de.
Chomh luath agus a d'fhág sé an
chloigeann fhuilteach i leataobh ar
stacán cloiche tháinig sileadh nimhe
as an cheann, scoilt sé an charraig
agus shnígh amach ina thuile thréan
ag déanamh domhainghleann dorcha
ar a dtugtar Gleann Nimhe. Dún
Lúiche a thugtar ar an dúiche máguaird
i gcuimhne Lugh.

Aithnítear Lugh mar dhia na gréine
agus mar dhia na flúirse. Dia an
fhómhair. Sa tsaol Gaelach, tá a mhí
féin aige, Mí Lúnasa, tráth a dtugtaí
ómós dó sa tsean-am ar bharr na
gcnoc. Bhí sé de ghnás ag aos óg na
gceantracha seo i gCloich Cheann
Fhaola a ghabháil suas go barr Charn

Traona ar an chéad Domhnach de mhí Lúnasa a dhéanamh spóirt agus ag piocadh fraochóg. Ócáidí ceoil agus cuideachta agus gan dabht, cúirtéireachta, a bhíodh sna Domhantaí Lúnasa seo fadó.

Ba ghnách leis na buachaillí braisléidí beaga a dhéanamh as caora na bhfraochóg agus iad a bhronnadh ar a gcuid cailíní. Le titim na hoíche agus a gcaitheamh aimsire thart acu agus iad réidh lena n-aghaidh a thabhairt ar an bhaile, d'fhuígfeadh na girseachaí a gcuid braisléidí ina ndiaidh ar an tsliabh. Ofráil altaithe, b'fhéidir, do Lugh.

Other Onslaught titles of Irish interest:

Orpheus in the Underpass (2017) A collaboration between
artist Ross McKessock and haikuist Gabriel Rosenstock

Sneachta (2016) transcreations of Issa's snow haiku
by Gabriel Rosenstock

Tea wi the Abbot (2016) Scots haiku by John McDonald
with transcreations in Irish by Gabriel Rosenstock

Judgement Day (2016) haiku by Gabriel Rosenstock

Antlered Stag of Dawn (2015) haiku by Gabriel Rosenstock,
with translations by Mariko Sumikura & John McDonald

behind the yew hedge (2015) Mathew Staunton & Gabriel Rosenstock

Out of the Wilderness (2016) by Cathal Ó Searcaigh
with an introduction and translations by Gabriel Rosenstock

Aistear Anama (2014) poems by Tadhg Ó Caoinleáin

Lightning Source UK Ltd.
Milton Keynes UK
UKOW05f0701090717
304909UK00001B/63/P